MITOLOGÍA EGIPCIA

CUENTOS DEL PANTEÓN EGIPCIO

ADAM ANDINO

CONTENTS

INTRODUCCIÓN: BREVE HISTORIA DEL ANTIGUO EGIPTO

"¡Faraón, deja marchar a mi pueblo!" Moisés, figura de los textos bíblicos, se enfrentó una vez al faraón Ramsés para que permitiera a su pueblo, los judíos, salir libremente de su esclavitud. Cuando el faraón se negó, se encontró con siete poderosas plagas y horrores antes de finalmente permitir que los judíos se fueran libremente. Aunque se trata de una poderosa historia bíblica que habla de la fraternidad y de permitir que la gente sea libre, también pinta la historia de la antigua cultura egipcia como una llena de degradación y blasfemia. Debido a sus creencias religiosas politeístas, el cristianismo a menudo vilipendiaba a los antiguos egipcios y su derecho divino a gobernar.

Todas las culturas de la historia han tenido su propia representación de la esclavitud y el trabajo esclavo. Por desgracia, la esclavitud de los demás no es un concepto nuevo, sino que parece estar arraigado en la naturaleza humana. Sin embargo, el impacto de la esclavitud en la antigua cultura egipcia no era tan prominente como se retrataba en los textos religiosos y de otro tipo. Aunque aún se utilizaban esclavos, eran prisioneros de guerra, infractores de la ley o incapaces de pagar deudas. Los esclavos no pertenecían a una cultura determinada, sino que eran principalmente aquellos que habían tomado decisiones equivocadas en la vida.

La cultura del antiguo Egipto era vibrante de vida, y así lo celebraban. Era bien sabido que los antiguos egipcios albergaban opiniones antagónicas hacia otras culturas, pero simplemente derivaban de la creencia de que su modo de vida era superior al de los demás. Desde los reyes y faraones hasta la clase campesina, todos desempeñaban un papel que les ayudaba a mejorar como sociedad.

La civilización más longeva

La civilización del Antiguo Egipto duró más de 3.000 años, mucho más que el infame Imperio Romano en más de 1.000 años. Su civilización estaba situada a orillas del río Nilo, en el norte de África, lo que favoreció el comercio y otros intereses económicos. La tierra era fértil, por lo que la agricultura, y por lo tanto los agricultores, era un activo enorme para su civilización. La tierra también era rica en minerales y materiales de construcción, como la piedra caliza y el granito, que contribuyeron a financiar su modo de vida. Como resultado, transcurrieron tres milenios con el auge y la caída de un imperio y numerosas dinastías que otorgaron al rey (y eventual faraón) el derecho divino a gobernar la civilización.

El derecho divino a gobernar

A los faraones se les otorgaba el poder por el simple hecho de nacer o casarse dentro de una dinastía. Según sus tradiciones, el faraón era responsable de toda la civilización. Los reyes y posteriores faraones, junto con otros miembros de su linaje, eran elegidos por los dioses para gobernar la tierra. De ahí su fastuoso estilo de vida y su riqueza. En parte dios, rey y sacerdote, el rey tenía la responsabilidad de garantizar la felicidad y el bienestar de su pueblo. Esto también se conocía como *ma'at*, o equilibrio y armonía.

A diferencia de otras civilizaciones y panteones, la cultura egipcia decretaba que los textos escritos eran de suma importancia. Los escribas se encargaban de transcribir y registrar todos los acontecimientos del día, especialmente los de las clases sociales más altas, como los miembros de la corte y el rey. Los acontecimientos diarios de la clase alta eran de la mayor importancia e interés para el pueblo llano, pero también se documentaban algunos textos sobre la vida de los campesinos.

La vida cotidiana de los egipcios

La agricultura, uno de los recursos más importantes para el comercio y los intercambios, influyó en la vida de muchos egipcios. La clase más baja eran los campesinos y agricultores. Esto no les disuadía de comerciar, y agradecían a los dioses el favor de las cosechas abundantes. Sin embargo, cuando el Nilo se desbordaba cada verano, también se les encargaba trabajar en los proyectos del rey y se les compensaba por ello. Algunos de estos proyectos incluían la construcción de las pirámides.

La herrería y la artesanía se consideraban oficios especializados. Al igual que en la sociedad actual, los reyes y otros miembros de alto rango tenían en cuenta a aquellos que destacaban en su trabajo para otorgarles un encargo.

El ejército en el reino egipcio y en el posterior imperio era necesario para expandir sus fronteras y realizar conquistas. El ejército egipcio fue el primer sistema militar organizado y tenía un historial que garantizaba su supervivencia. Por lo general, los miembros del ejército eran reclutados: los generales de mayor rango pertenecían a la clase alta y los soldados rasos eran campesinos y granjeros. Normalmente, si alguien nacía en una clase determinada, permanecía en ella. Sin embargo, en el caso de los militares, se les permitía ascender en el escalafón en función tanto de sus habilidades en la batalla como de sus cualidades de liderazgo.

Las mujeres también tenían más poder que en algunas sociedades actuales. Se les permitía divorciarse de sus maridos, ser propietarias de un negocio, firmar contratos con hombres e incluso tenían derecho a abortar. Las mujeres también podían ser sacerdotes y tener la mayoría de los mismos puestos de poder que los hombres, como el sacerdocio, pero sólo podían unirse a los cultos de una deidad de su mismo sexo. Si una mujer estaba casada con un campesino, no araba los campos, sino que era el ama de casa y se encargaba de criar a los hijos. Las mujeres no solían ser miembros del ejército y a menudo no deseaban serlo. Ambos sexos se maquillaban, más concretamente con *kohl*, un delineador de ojos muy grueso. Se utilizaba para proteger la piel y los ojos de las inclemencias del sol y reducir los reflejos.

Adorar a los dioses

Los egipcios creían en una religión politeísta, lo que significa que creían en un panteón de muchos dioses. Los dioses y diosas controlaban todos los aspectos de la vida, desde la agricultura hasta el clima e incluso la muerte. La mayoría de la gente incluso iba descalza porque los dioses no tenían calzado y ellos querían reflejar ese efecto.

Uno de los efectos más influyentes de las deidades sobre la población fue la construcción de las propias pirámides. Las pirámides eran tumbas y albergaban todas las posesiones del rey para su viaje al más allá. En consecuencia, se construyeron enormes tumbas para garantizar la conservación de sus riquezas. Además, la conservación de los cuerpos también era esencial. La momificación y la extirpación de los órganos innecesarios, incluido el cerebro, eran esenciales. En la otra vida, Anubis, el dios de la muerte, juzgaba a los reyes pesando el corazón en busca de oscuridad para ver si eran dignos de unirse a las filas de otros reyes.

Además de la muerte, las deidades también representaban la importancia de la vida y la armonía. Se erigían templos para cada deidad, especialmente para las más significativas. Cada deidad tenía ritos especializados, rituales y otras prácticas ceremoniales asociadas a ellas y a su poder. La magia se consideraba la base de su poder, que, según el mito egipcio de la creación, era incluso anterior a los propios dioses.

Los festivales y las diversiones eran las cumbres de la paz y la armonía reflejadas en el panteón y la civilización. La mayoría de los festivales y celebraciones tenían una base religiosa, lo que también significaba que el pueblo celebraba intoxicándose, dando gracias a esa deidad y pidiendo un favor en el futuro. Un ejemplo de fiesta fastuosa era el Festival de Bast, que celebraba el nacimiento de Bastet, diosa de la fertilidad, los gatos y las mujeres. La fiesta sólo duraba un día, pero era una de las más populares. Algunos textos afirman que hasta 700.000 personas asistieron al festival en su momento álgido. Era un día lleno de baile, bebida y música.

Los dioses y diosas formaban parte esencial de la vida cotidiana de los antiguos egipcios. Los sacerdotes daban de comer tres veces al día a las estatuas de los dioses a los que servían. Todos los miembros de la sociedad rezaban y celebraban rituales a diario. Todas las formas de escritura se consideraban un registro del tiempo en el que las deidades reinaban sobre sus eternas bibliotecas. Los dioses reinaban sobre todos los aspectos de la vida e incluso sobre la muerte. El próximo capítulo repasará una lista de las principales deidades y sobre qué reinaban.

CAPÍTULO 1: 14 DIOSES Y DIOSAS PRINCIPALES

El antiguo panteón egipcio sigue inspirando asombro y creatividad. Innumerables artistas se han inspirado en los egipcios, y películas como *La momia* han creado un renacimiento del interés por la mitología egipcia. El panteón egipcio es uno de los más completos de la mitología, debido a la cantidad de relatos mitológicos y registros históricos. A continuación se enumeran y describen catorce de los principales dioses y diosas. Algunas de estas deidades tienen varias grafías de nombre, que también se incluyen.

Amón (Amon): Dios del Aire

Amón, conocido como Amón-Ra en los últimos años de la mitología, era el dios del aire. Originalmente, Amón era un dios menor de la fertilidad y una deidad patrona de Tebas, pero en los mitos posteriores de la creación de la civilización, fue uno de los creadores del mundo. Se creía que su nombre significaba "el Oculto", pero su etimología sigue siendo un misterio. Amón solía ser representado con una enorme corona dividida en dos.

Tras la batalla de los hicsos, en la que los egipcios salieron victoriosos, Amón se convirtió en uno de los dioses más importantes del panteón. Se fusionó con Ra hacia el final de la civilización, con lo que las dos deidades se convirtieron en los seres más poderosos de la mitología.

Anubis: Dios de la Muerte y los Embalsamamientos

Anubis es quizás una de las deidades más famosas. Representado como un hombre con cabeza de chacal, era el dios de la muerte, más concretamente el dios del embalsamamiento y los cuidados funerarios, y destacaba sobre todo por su papel en el ritual al que se sometía cada alma tras la muerte. Se creía que no sólo escoltaba a los muertos a través del Salón de la Verdad antes del ritual, sino que también era quien lo llevaba a cabo. En el "Pesaje del corazón", el corazón del difunto se pesaba con la pluma de Ma'at, la diosa de la justicia. Si el corazón pesaba lo mismo o menos que la pluma, se les concedía el acceso al paraíso de la otra vida. Sin embargo, si pesaba más debido a las numerosas injusticias de su corazón, su alma sería entregada a Ammit o al devorador de almas.

Anubis y su familia estaban plagados de traiciones. Su padre era Osiris, el dios de los muertos, y su madre era Neftis, la diosa de los funerales. Después de que Set, que era a la vez marido y hermano de Neftis, la abandonara, Anubis se fue a vivir con Osiris y su esposa Isis. La culminación de este mito se tratará en el capítulo 4.

Bastet (Bast): Diosa de los gatos y del hogar

Bastet, como se menciona en el título, era la diosa del hogar, la fertilidad, el parto y, por supuesto, los gatos. Era hija de Ra, el dios del Sol, y a menudo se la relacionaba con Horus. Protegía el hogar, a las mujeres y a los niños del mal. Al principio de la civilización, era una diosa representada como una mujer con cabeza de león; con el paso de los años, su representación cambió a una gata de aspecto regio con anillos en la nariz.

Era muy popular entre los egipcios y se la conocía por conceder favores a quienes se los pedían durante su fiesta. Era la favorita de las mujeres, sobre todo durante la fiesta que se celebraba en su nombre. Además, era la razón por la que los gatos se consideraban sagrados en la civilización. No se podía hacer daño a los gatos por ningún motivo, ya que se creía que cualquier gato era su encarnación.

Hathor: Diosa del Amor y la Alegría

Hathor era otra hija de Ra y, por tanto, hermana de Bastet. También era la esposa de Horus. A menudo se la representaba con cuernos en la cabeza, o como ganado, y era una diosa poderosa. Era la diosa de la alegría, el amor, la belleza, la celebración, las mujeres, el parto e incluso la embriaguez. Una de sus funciones era guiar a las almas al más allá, y también defendió la barcaza solar de Ra de Apep, un mito que se tratará en el capítulo 3.

Heka: Dios de la Medicina y la Curación

Heka era uno de los dioses más antiguos e importantes del panteón egipcio. Era el dios de la medicina y la curación, una parte crucial de la cultura. Médicos y doctores veneraban a esta deidad, no sólo por sus poderes curativos, sino también por su dominio de la magia. Dado que la magia estaba impregnada en todos los aspectos de la cultura egipcia, esta deidad también era considerada la fuente de todo el poder del universo.

Fue uno de los primeros dioses que existieron, anterior incluso a Ra. En mitos posteriores, sin embargo, se le consideraba hijo de Khnum y Menhet. A menudo se le representaba con un bastón equipado en todo momento, y los mitos posteriores contaban la historia de cómo su bastón se entrelazaba entonces con dos serpientes.

Horus: Dios de la realeza

Horus tuvo una historia única en su desarrollo como dios. En los primeros años de la mitología egipcia, se le consideraba uno de los cinco dioses del mito de la creación, que presidía el sol, el poder y el cielo. Se le representaba como un halcón o como un hombre con cabeza de halcón. En esta etapa, se le conocía como Horus el Viejo y se le consideraba una de las deidades más importantes, junto a sus cuatro hermanos Osiris, Iris, Set y Neftis.

Su versión posterior, Horus el Joven, fue la más popular de las dos. A medida quc los mitos de Horus el Joven se hicieron más prominentes, también lo hizo su popularidad. En este mito, Horus era hijo de Osiris e Isis. También se le asociaba con el gobierno divino, y se creía que todos los reyes y faraones eran Horus encarnado. Esto explicaba las numerosas dinastías de la civilización y, por tanto, que cada rey canalizara al dios en vida. El mito de Horus y su ascensión al trono se explicará con más detalle en el capítulo 4.

Isis: Diosa de los secretos y la magia

Isis, la diosa de prácticamente todos los aspectos de la civilización egipcia, era conocida como la "Madre de los Dioses". Era la esposa y hermana de Osiris, y juntos tuvieron a Horus el Joven. Sus otros hermanos eran Set, Neftis y Horus el Viejo. A menudo cuidaba de las personas en vida y las guiaba al más allá. Era la diosa de los secretos y la magia y, por tanto, una de las deidades más poderosas del panteón. Sus mitos, especialmente el que giraba en torno a la muerte de su marido Osiris, se consideraban algunas de las historias más importantes para los antiguos egipcios.

En una representación de Isis y Horus el Joven, se la ve acunando a su hijo. Del mismo modo, la iconografía cristiana representa a la Virgen María acunando a su hijo Jesús. Como cuidaba de las personas en todas las etapas de la vida, formaba parte esencial del panteón egipcio y era venerada por todos. Isis fue una de las deidades que más tiempo reinó en cualquier panteón, desde las primeras civilizaciones egipcias hasta Grecia y Roma. Durante el Imperio Romano y su caída, hubo un culto específicamente dedicado a Isis. Este culto fue una de las principales fuentes de resistencia a la nueva fe cristiana. Como resultado, su semejanza influyó en la religión cristiana a través de las imágenes de María y Jesús.

Ma'at: Diosa de la Armonía

Ma'at estaba en el corazón de la cultura del antiguo Egipto. Su nombre significa "armonía", uno de los pilares de la civilización. Era la diosa de la justicia, la verdad y, por supuesto, la armonía. También era la que controlaba el cambio de las estaciones y colocaba las estrellas en el cielo por la noche. Representada a menudo como una mujer con una diadema de plumas de avestruz, acompañaba a todos en su camino por la vida y estaba presente cuando sus almas eran juzgadas. Era una diosa venerada en todo el panteón.

Osiris: Dios del Inframundo

Osiris, otra de las deidades más famosas, era hermano de Isis, Set, Horus el Viejo y Neftis. Su esposa era su hermana Isis, y tuvo dos hijos: Horus el Joven y un hijo adoptivo, Anubis. Como dios de la muerte y del Inframundo, se le encomendó la tarea de supervisar el Inframundo junto a Anubis. En la mitología primitiva, era un dios de la fertilidad y más tarde se convirtió en el primer gobernante del pueblo de Egipto. A menudo se le representaba como una momia de piel verdinegra, embalsamada. Esto no sólo simbolizaba su relación con los muertos, sino también su influencia sobre el Nilo y, por tanto, sobre la fertilidad.

El Libro de los Muertos, uno de los libros más famosos de la época del antiguo Egipto, lo representaba como uno de los jueces en el ritual del Pesaje del Corazón tras la muerte. Fue una de las primeras deidades en representar la resurrección y se cree que influyó en el culto a Isis del Imperio Romano. El mito en torno a su muerte se analizará con más detalle en el capítulo 6.

Ptah Dios de la Verdad

En la antigua mitología egipcia se consideraba a Ptah el dios original anterior al resto. La creación del universo y de los primeros dioses formaba parte de su designio. Era el dios de la verdad y la deidad protectora de la ciudad de Menfis alrededor del año 3000 a.C.. Además, reinaba sobre los artesanos y la artesanía. Esto se extendía a los arquitectos, que diseñaban y construían edificios. A menudo se le representaba como una momia con un tocado.

Ra (Amón-Ra, Re, Atum): Dios del Sol

Ra, además de otros dioses, fue responsable de la creación de la Tierra y sus habitantes. Era el dios del sol y creador supremo, que contaba con varios mitos en su haber, entre ellos el de la creación. Era responsable de que el día se convirtiera en noche y viceversa, lo que dio lugar a un mito sobre uno de sus archienemigos, Apep, la serpiente que luchaba con él por el dominio del mundo. A Ra se le representaba como un halcón o un hombre con cabeza de halcón.

Según diferentes textos y traducciones del mito de la creación, Ra y Amón se utilizaban a menudo en lugar del otro. En algunos textos, Ra era el creador supremo del universo y la tierra, mientras que otros afirmaban que simplemente desempeñaba un papel en la creación. Se creía que Ra era el padre de Tefnut y Shu, las deidades del calor y el aire respectivamente, pero sólo según algunas versiones del mito.

Seshat Diosa de la escritura y las medidas

Seshat era la diosa de la escritura, las medidas, los libros y los registros. Se la consideraba la patrona de las bibliotecas privadas y públicas, y daba la bienvenida a todos a la experiencia de la alfabetización. Su esposo Thoth era el dios de la escritura y de la sabiduría. Sin embargo, su pericia en las mediciones la hizo memorable. A menudo, el rey rendía homenaje a esta diosa para asegurarse de que tomaba las medidas precisas para cada edificio construido. Por ello, constructores y arquitectos también le rendían tributo. Aunque no tenía un templo propio, también era una deidad importante para los escribas. A Seshat se la representaba con una piel de leopardo sobre el manto y una tablilla en la mano derecha, en representación de su amor por la palabra escrita.

Set (Seth): Dios del Caos

Set, o Seth, era el infame dios del caos, los desiertos, las tormentas y la guerra. Estaba casado con su hermana Neftis y era hermano de Osiris, Horus el Viejo e Isis. Sin embargo, actualmente es más conocido como el primer asesino del texto escrito. Set era visto como el mal necesario para crear equilibrio y ser un antagonista de los benévolos dioses Horus y Osiris. A menudo se le representaba con pezuñas de toro y el cuerpo carmesí de una bestia con cola bífida, similar a como los cristianos pintaban a su personaje de Satán.

Set era un dios problemático, lleno de rabia y celos que le llevaron a matar a su hermano. Sin embargo, tuvo un arco de redención. Como parte de su recompensa, ayudó a Ra en la batalla nocturna contra la serpiente Apep por el dominio de los cielos.

Thot Dios de la escritura y la sabiduría

Thot era el dios de la escritura y la sabiduría, junto a su esposa Seshat. Fue la deidad que creó el lenguaje hablado y el inventor de la escritura jeroglífica. Al igual que su esposa, era uno de los dioses más venerados por los escribas. En algunos textos se determinaba que era un dios solar menor junto a su padre Ra, pero otros afirmaban que era hijo de Horus el Joven. Siempre estuvo del lado de los humanos, hasta el punto de otorgarles el don del lenguaje y la escritura. En algunos textos se le representaba como un babuino, pero la mayoría de las veces se le representaba como un hombre con cabeza de ibis, un ave similar al pelícano pero de climas subtropicales.

Además de escribir, Thot era el dios de la sabiduría y tenía acceso a secretos y magia que los demás dioses no tenían. Por ello, se le consideraba una de las deidades más sabias del panteón. Era el encargado de realizar el pesaje de los corazones, y luego informaba de sus conclusiones a Anubis y Osiris, que juzgaban el alma.

Aunque hay más de cien deidades individuales que representan una determinada parte de la vida humana, hay muchas que se solapan en diferentes áreas. En conjunto, cada dios o diosa tenía perspectivas y personalidades únicas, diferentes atributos animales y estéticos, e incluso sus propios gustos en cuanto a vestimenta y autopresentación. Con más de 3.000 años de mitologías cambiantes, existe una rica tradición asociada a este panteón. En el próximo capítulo, habrá más información sobre las criaturas, monstruos y semidioses de esta antigua mitología.

CAPÍTULO 2: CRIATURAS, MONSTRUOS Y SEMIDIOSES

Las criaturas, monstruos y semidioses del panteón egipcio son pocos. Cada uno de los personajes representados en este capítulo era una figura importante a la que a menudo se encomendaba la custodia de un determinado lugar o incluso la representación de un animal. Muchas de las criaturas eran quimeras, por lo que inspiraban tanto temor como admiración a quienes escuchaban las historias o leían sobre ellas. Cada criatura, monstruo o semidiós estaba imbuido de algún tipo de poder mágico que utilizaban en defensa o para sembrar el caos.

Criaturas y monstruos

Como ocurre con cualquier mitología, siempre hay una sección dedicada a los numerosos mitos y leyendas de las criaturas que la componen. El panteón egipcio no es diferente. Debido a la naturaleza antropomórfica de las propias deidades, puede resultar difícil diferenciar entre una deidad y un monstruo. Algunas de las criaturas que se enumeran a continuación pueden incluso clasificarse como deidades en función de sus poderes, pero sus apariencias e historias fueron creadas para persuadir a los niños a comportarse, y como tales, se incluyen aquí. A continuación figuran algunas de las criaturas de la mitología egipcia ordenadas alfabéticamente.

Ammit(Ammut)

Ammit era una de las diosas del Inframundo, pero reinaba suprema a la hora de juzgar la bondad de las almas de los muertos. Era una quimera con cabeza de cocodrilo, cuerpo de león y lomo de hipopótamo. También conocida como "la devoradora de almas", su papel era más notable cuando un alma estaba llena de pecado. No sólo representaba la manifestación de todos los animales depredadores para el pueblo egipcio, sino también el miedo a una segunda muerte. Si un alma era considerada indigna, Ammit la devoraba, enviándola a un purgatorio en llamas.

Apep (Apofis)

Apep desempeñó uno de los papeles principales en el mito de Ra y el sol poniente. Era la serpiente que intentaba asesinar a Ra cada mañana antes de que el sol se elevara en el cielo. Ra y otras deidades atravesaban el Inframundo antes de dirigirse al horizonte para la salida del sol, donde Apep esperaba el desastroso encuentro. Considerado todo lo contrario de los dioses que se deleitaban en el orden, Apep encarnaba la oscuridad y el caos. Algunas leyendas afirmaban que los terremotos se debían a que Apep se movía bajo la tierra y que las violentas tormentas del desierto se debían a que Apep y Set se enzarzaban en una batalla.

Se creía que la serpiente existía en el universo antes de la llegada de los dioses, y quería que volviera al mismo estado que antes de la existencia de la vida. Sin embargo, en algunos textos se escribió que Apep había nacido después de Ra y que procedía de su cordón umbilical. Esta representación del origen de Apep simbolizaba la guerra constante entre la luz y la oscuridad, el orden y el caos.

El Grifo

Los orígenes del Grifo estuvieron a menudo envueltos en el misterio. Nadie conoce realmente su mito de origen en la mitología egipcia, pero su esencia se transpuso a otras mitologías y leyendas. La criatura era una quimera con cabeza, alas y garras de águila, pero con el cuerpo musculoso de un león. El Grifo tenía un aspecto feroz y se creía que era un símbolo de guerra y valentía. Sin embargo, también tenía otros dos atributos: uno como guardián de tesoros y secretos, y el otro como defensor contra la magia maligna.

Se ha encontrado una representación del Grifo que data del año 3100 a.C. aproximadamente. Se halló en una paleta, que más tarde recibió el nombre de "Paleta de dos perros". En su superficie aparecían representados el Grifo y el Serpopardo, de los que hablaremos a continuación.

El Serpopardo

El Serpopardo era otra quimera que combinaba atributos de leopardo y serpiente. En sus escasas representaciones, se presentaba como una criatura con cuerpo de leopardo, largo cuello de serpiente y cabeza de serpiente o de leopardo. Curiosamente, se especula que la cabeza podría ser de león en lugar de leopardo, pero esto sigue siendo otro misterio.

Al igual que el Grifo, no se conoce la historia del origen del Serpopardo, pero había muchas inscripciones suyas en jarrones y otras formas de decoración. Se creía que era la representación simbólica del caos fuera de las fronteras del reino. En muchas de estas representaciones se mataba a estos seres míticos como forma de vencer el miedo al caos más allá del reino. Sin embargo, también había casos de dos Serpopardos con sus cuellos entrelazados, que también representaban la vitalidad y la cooperación.

Sphynx

La última criatura de esta lista es quizá la más famosa. El esfinge fue inmortalizado en el reino egipcio por la construcción de su semejanza en Giza junto a las tres pirámides hechas exclusivamente para Ra. Sin embargo, también ocupó un lugar destacado en los palacios y templos, ya que fue pintado en murales e incluso hubo estatuas dedicadas a la criatura.

El Sphynx era otra quimera, pero construida con elementos humanos y animales. Tenía la cabeza de un humano, que reflejaba fielmente la apariencia de los faraones y reyes, injertada con el cuerpo de un león. Sin embargo, esta bestia también estaba asociada con Ra, ya que también tenían cabeza de halcón y carnero. La cabeza de un humano -más concretamente, de un rey o faraón- representaba el poder que el rey poseía.

El esfinge también era el protector de las tumbas, lo que explica su ubicación cerca de las tres tumbas de Giza. Se le conoce sobre todo por pedir las respuestas a tres acertijos como parte de una prueba para entrar en la tumba y los numerosos tesoros y secretos que la acompañaban.

Semidioses

La película *La momia* inspiró a una nueva generación de arqueólogos deseosos de aprender más sobre la cultura del antiguo Egipto. Aunque era completamente ficticia, tomó en serio algunas fuentes y las incorporó a la película de acción y aventuras. Imhotep era un semidiós real en el antiguo mito egipcio, pero no en la forma en que fue retratado en la película. En esta sección hablaremos de dos semidioses importantes que son deidades menores o fueron deificados tras su muerte.

Apis

Apis era un toro que se creía hijo de Ptah. No se sabe mucho sobre este semidiós en particular. Principalmente, era el toro sagrado de Menfis y se le veneraba como tal. No era un semidiós en el sentido tradicional, pero seguía siendo una figura venerada como un ser sagrado. Originalmente de pelaje negro, Apis simbolizaba a los que tenían un corazón fuerte, pero también era heraldo de Ptah.

Imhotep

Imhotep, gracias al cine moderno, fue retratado como funcionario civil del rey Djoser hacia el 2600 a.C. antes de ascender a la divinidad. En vida, fue responsable del diseño y la construcción de la Pirámide Escalonada construida en vida. Fue un gran logro, tanto que se le consideró uno de los arquitectos más famosos del antiguo Egipto.

No sólo se demandaban sus habilidades arquitectónicas, sino también su sabiduría y su intelecto. Imhotep fue autor de numerosos textos sobre sabiduría, medicina e incluso matemáticas. Si Imhotep fue o no una figura histórica real es un misterio debido a la falta de información sobre su vida, pero tras su muerte fue deificado. En el proceso de evolución de la historia hacia el mito y la leyenda, se creía que Imhotep era hijo de Thoth, el dios de la arquitectura.

La mezcla de criaturas y deidades a menudo era una línea muy fina de cruzar. Aunque muchas de las criaturas, monstruos y semidioses eran, en cierto modo, deidades, a menudo se les consideraba guardianes o símbolos. Estos símbolos se transforman a menudo en los temas principales y las moralejas que encierran los propios mitos. Pero, ¿cómo empezó todo esto? La respuesta se desvelará en el próximo capítulo, en el que analizaremos los mitos de la creación del panteón egipcio.

CAPÍTULO 3: LOS MITOS DE LA CREACIÓN

Uno de los aspectos más intrigantes del mito egipcio de la creación es que contiene diversas variaciones del mismo mito. Esto era de esperar, ya que las diferentes traducciones y contextos pueden ser difíciles de determinar. Dentro de este capítulo, hay tres partes del mito de la creación, cada una de las cuales representa una ciudad con su respectiva deidad principal. Estas ciudades eran Hermópolis, Menfis y Heliópolis con los dioses Amón, Ptah y Ra, respectivamente. Puede decirse que cada mito puede basarse en el otro o que pueden tener lugar al mismo tiempo. Sin embargo, cada mito estaba -y sigue estando- abierto a la interpretación.

Mito de la Creación 1: Amón

El primer mito de la creación se refiere a la presencia de Amón. En Hermópolis, conocida por los egipcios como Khemnu en lugar de su nombre griego, Amón era su versión de Ra, el dios supremo reinante y creador del universo. En esta versión del mito, el mundo estaba sumergido en el agua. Durante miles de años no hubo rastro de vida en ninguna parte. Sin embargo, fue en esta misma agua donde comenzó la primera creación de dioses.

El Ogdoad

Mientras las aguas se arremolinaban durante muchos años, el vasto océano acabó dando a luz a ocho seres sobrenaturales que más tarde se convertirían en dioses. Cuatro hombres y cuatro mujeres nacieron de la caótica destrucción de las olas. Cada macho y cada hembra formaban parejas con nombres y atributos similares. Las deidades que surgieron de las profundidades eran conocidas como Kek y Kauket, las deidades de la oscuridad y la ambigüedad; Heh y Heuhet, las deidades de la intemporalidad; Nun y Naunet, las deidades del desorden cósmico primitivo que dio lugar a su nacimiento; y Amón y Amaunet, las deidades del aire y el sol.

Por desgracia, hay pocos detalles que ilustren mejor el mito escrito en forma narrativa. Los egipcios creían que el resto de la creación transcurrió en un huevo místico perteneciente a un ibis o a un ganso, lo que significaba el nacimiento del creador de todos los dioses. Fue entonces cuando el dios del sol Amón se hizo poderoso y sentó las bases de los mitos posteriores. El resto estaba abierto a la interpretación, desde la razón de la existencia de los dioses hasta incluso su apariencia.

Los habitantes originales de Hermópolis creían que esta narración del mito simbolizaría el misterio y la intriga de los inicios de los dioses e incluso sería representativa de los propios dioses. Como este mito estaba envuelto en tanto misterio, ejemplificaba a los dioses y su misticismo. Sin embargo, se cree que estas deidades no sólo eran los dioses más antiguos, sino que también fueron responsables de la creación de los dioses de la Enéada, la siguiente generación de dioses.

Mito de la Creación 2: Ptah

La historia de Ptah comenzó en Menfis, que fue el principal centro de gobierno del imperio durante muchos milenios. Durante este tiempo, el dios Ptah surgió y se convirtió en la deidad suprema según la tradición de Menfis. En este mito, los dioses son representados en sus formas humanas como resultado de su nacimiento.

Hablar con el corazón

Según este mito, Ptah fue el primer ser en existir. Al principio, su existencia era sinónimo de la primera parcela de tierra firme en la inmensidad del océano. Una vez que adoptó su forma humana, parecía bastante apuesto. A menudo se le representaba como una momia con un brazo libre para sostener su bastón. También llevaba la cabeza rapada y un gorro con forma de calavera.

Ptah, además de ser increíblemente apuesto, también era conocido por su brillantez arquitectónica. Observó su entorno y, al verlo desnudo, quiso crear un lugar más habitable para él. Imaginó el mundo que quería y lo creó con su corazón. Esto abarcaba todos los paisajes y la vida, incluidos los humanos.

Sin embargo, se trataba de un proceso. Una de sus primeras creaciones como dios fue hacer más seres como él. En un suspiro, dio vida a Atum, Shu, Neftis, Osiris, Iris, Tefnut, Nut y Set. Estas deidades representaban tanto el orden natural como el político y se consideraban las más importantes para Ptah.

Después de crear a los dioses, Ptah construyó los cimientos de Egipto, tanto en el paisaje físico como en las personas que lo habitaban. Creó al hombre y a la fauna que rodeaba Egipto. Luego encargó a los demás dioses y diosas que velaran por la humanidad, pero él era el supervisor de todo.

Mito de la Creación 3: Ra

Este mito de la creación es quizás el más completo de los tres. El mito en torno a Ra (Atum) es más redondo e incluye muchos más detalles que los dos anteriores.

Gracias a escritos antiguos como los *Textos de las Pirámides*, existe más material de referencia, por lo que se conocen más detalles de este mito. Heliópolis, en esta época de la historia, fue el epicentro del inicio de los faraones. Como resultado, este mito se convirtió en uno de los mitos de creación más dominantes del panteón. En el mito, Ra se llamaba Atum, por lo que, para mayor claridad, nos referiremos a Ra como Atum para mantener la raíz inicial de la mitología.

La Enéada

No confundir con la *Eneida* de Virgilio, el poema épico que narra la vida de Eneas, la Enéada era la combinación de las ocho deidades que se crearon tras la existencia de Atum. Al igual que en el anterior mito de la creación de Hermópolis, estas deidades eran homólogos masculinos y femeninos en parejas. Sin embargo, las figuras de este mito son diferentes a las del mito de la creación de Hermópolis.

Al principio, el mundo estaba envuelto en la oscuridad. Esta oscuridad se conocía como el Vacío, donde no existía nada, ni siquiera la luz. El Vacío no era más que agua oscura y se arremolinaba con tormentas caóticas. El dios de la magia, Heka, esperó el momento adecuado para iniciar la creación. Cuando todo estuvo en calma, el dios del agua Nu permitió que surgiera un montículo de las profundidades del océano. Este montículo también era conocido como el *ben-ben*, que luego se convertiría en Heliópolis.

De este montículo apareció una figura de un pilar en lo alto del ben-ben. Estaba en su forma mortal y los egipcios lo consideraban extremadamente apuesto. Contempló a su alrededor la nada infinita, dándose cuenta de que estaba solo. La creación de las siguientes deidades, Shu, el dios del aire, y Tefnut, la diosa de la humedad, vino después. Según algunas versiones del mito, Atum tuvo relaciones con su sombra y luego dio a luz a las deidades. Otras afirman que Atum se masturbó en el montículo donde se alzaba el pilar y que el dios y la diosa nacieron así. Otra versión afirma que las deidades fueron creadas por su saliva y vómito.

El nacimiento de los dioses

Tras el nacimiento de estos dioses, se les encomendó la tarea de construir los cimientos del orden y de la vida misma en la tierra. La pareja dejó a su padre en el ben-ben y creó los cimientos de toda la vida y el orden. Sin embargo, su padre se enfadó porque, una vez más, estaba solo. Envió su ojo izquierdo, más tarde conocido como el Ojo de Ra, y los buscó. Cuando sus hijos volvieron para ver a su padre y devolverle el ojo, Atum lloró porque estaba muy contento de verlos. Las lágrimas resultantes cayeron sobre el montículo y dieron a luz al primer hombre y a la primera mujer.

Como estas nuevas criaturas no tenían dónde vivir, Tefnut y Shu copularon y dieron a luz a dos gemelos: el dios de la tierra, Geb, y la diosa del cielo, Nut. La pareja creó un hogar para los nuevos seres, para que pudieran seguir creciendo. Sin embargo, Geb y Nut se enamoraron profundamente a pesar de ser hermanos. Nunca se separaron y siempre estuvieron cerca el uno del otro. Este sinsentido incestuoso, según Atum, debía terminar definitivamente. Por ello, separó a Geb y Nut para toda la eternidad. Envió a Nut a los cielos mientras Geb permanecía en la Tierra, y no permitió que ambos volvieran a tocarse.

Algunas de las representaciones de Geb y Nut eran provocativas, muchas de ellas de naturaleza sexual. Una representación de esta unión en el *Libro de los Muertos era* la de Geb desnudo en su forma humana alineándose con Nut, que también estaba desnuda pero con estrellas en su figura. En esa misma representación, Atum empezó a separar a la pareja.

Sin embargo, Nut ya estaba embarazada de sus hijos. Mientras permanecía en el cielo, dio a luz a sus hijos Osiris, Iris, Horus el Viejo, Neftis y Set. A medida que los niños crecían, también lo hacían sus atributos y personalidades. Osiris, siendo el primogénito de los cinco, demostró ser intelectual con autoridad judicial. Set era el precursor del caos y estaba profundamente celoso de su hermano. Isis era la más abnegada de los cinco, ganándose su lugar al lado de Osiris como esposa. Su hermana Neftis era la contrapartida del carácter de Isis, el equilibrio entre la oscuridad y su luz. Neftis formaba una buena pareja con Set, ya que Set también era todo lo contrario a Osiris. Horacio el Viejo, el dios del aire, se convirtió esencialmente en el siguiente Atum.

Los inicios de una rivalidad

A medida que crecía la población humana, también aumentaba la necesidad de orden y armonía. Como resultado, Atum nombró a Osiris e Isis deidades para gobernar la tierra. Atum tenía otros asuntos que atender y dejó a su bisnieto a su suerte. Osiris gobernó durante muchos años como dios principal de los egipcios, creando un largo periodo en el que todo estaba en paz y en orden. Sin embargo, esto no duraría debido a los intensos celos que Set sentía hacia su hermano. Este mito que gira en torno a Set y Osiris se tratará con más detalle en el próximo capítulo, junto con sus muchos giros a lo largo del camino.

Conclusión

Este capítulo incluía los tres mitos relacionados con la creación del mundo y de Egipto. El panteón egipcio difería de un lugar a otro debido a la existencia de mitos de creación distintos. Debido a que había tres ciudades distintas con su propio dios patrón protagonizando el mito, los mitos incluyen variaciones distintas entre sí. Aunque algunos pueden argumentar que el mito que giraba en torno a Ra (Atum) era el más importante, las numerosas facetas y variaciones no hacen sino aumentar su riqueza. En el próximo capítulo se desvelará el apasionante mito de Osiris y Set, lleno de traición, adulterio y asesinato.

CAPÍTULO 4: EL PRIMER FRATRICIDIO REGISTRADO

El primer registro de fratricidio y asesinato fue la inspiración de muchas historias en diversas mitologías de todo el mundo. Como se mencionó en el capítulo anterior, los celos de Set hacia su hermano se desbordaron en un relato culminante y emocionante. Este mito giraba en torno a las muchas traiciones de Set y su hermana-esposa Neftis hacia Osiris e Isis. Su engaño provocó una época de agitación y caos en el mundo antiguo.

La carga de los celos

Osiris y Set eran dos de los cinco hermanos de la diosa Nut. Osiris, demostrando ser el mejor gobernante de los cinco, fue nombrado dios supremo de Heliópolis. Durante muchos años, todo fue pacífico en el reino de los hombres y los dioses. Osiris instruía a los hombres sobre el arado de los campos, la cría de animales domésticos como el ganado y la siembra de las plantas adecuadas en el momento oportuno, además de crear la ley y el orden entre ellos. Osiris era visto como el primer verdadero faraón del reino, asegurándose de que todos cumplían con su parte en la sociedad.

Se creía que su esposa, Isis, enseñaba entonces a las mujeres a utilizar las cosechas de sus maridos para cocinar, así como a tejer ropa para protegerse de los elementos y para ir a la moda. También les enseñó a criar a los niños y a protegerlos de cualquier daño. Sus habilidades mágicas garantizaban que tanto hombres como mujeres fueran creados iguales en una sociedad a través del matrimonio.

Set y Neftis

Set estaba inmensamente celoso del reinado y los poderes de su hermano. A medida que pasaban los años, su ira y sus celos aumentaban. Se consideraba excluido de la oportunidad de ser líder, e incluso tenía su propia visión de la sociedad.

Neftis, de forma similar, también estaba inmensamente celosa de su hermana. No sólo estaba celosa del poder de la vida que poseía Isis, sino también de que Isis estuviera casada con su atractivo hermano. Cansada de su papel de diosa funeraria, Neftis urdió un plan de lujuriosa venganza contra su hermana.

La primera aventura

Neftis sentía una inmensa pasión lujuriosa por su hermano Osiris. Un día, cuando estaba solo, Neftis ocultó su verdadera identidad y se disfrazó de Isis. Con la seducción en su mente, fue fácil engañar a Osiris haciéndole creer que la verdadera Isis era la que instigaba a hacer el amor. Los dos tuvieron una aventura sin que Osiris lo supiera, y Neftis se quedó rápidamente embarazada de su hijo Anubis. Ella no había predicho que esto sucedería y sólo quería la satisfacción de su venganza.

Neftis ocultó el embarazo a Set y al resto de su familia. Temía la ira de Set y sabía que si alguna vez se enteraba, causaría una cantidad incalculable de estragos tanto para Anubis como para Osiris. Cuando nació Anubis, Set descubrió su traición y la abandonó a ella y al niño. Entregó el niño a Osiris e Isis, temiendo por su seguridad y la de su hijo.

La trama de la venganza

Set siempre había sentido celos de su hermano por su poder supremo y su amor al pueblo, pero agravados con el conocimiento de la aventura de su esposa, la balanza se inclinó hacia un caos desenfrenado. El dios estaba profundamente enfadado y dolido por la traición de su esposa a la santidad de su matrimonio, hasta el punto de que abandonó a Neftis para proseguir con su complot de venganza.

Cada año que pasaba, Set planeaba la muerte de su hermano. Sabía que tenía que ser pronto, y cada momento que pasaba le llenaba más de rabia. Mientras preparaba su venganza, recibió en secreto las medidas exactas de su hermano para construir un cofre ornamentado con la mejor artesanía. Mientras se construía el cofre, planeó una forma de hacer que su hermano entrara en él por su propia voluntad.

Cuando el cofre estaba casi terminado, Set planeó cada detalle para que su plan funcionara. Decidió dar un gran banquete al que Osiris y otros fueron invitados.

Tiempo de fiesta

Con todo el cuidadoso complot en marcha, Set fue capaz de crear un juego para provocar el asesinato de su hermano. El cofre iba a ser el centro de atención una vez terminado el festín. Cuando todos estuvieron presentes, comenzó el festín. Sonidos de risas resonaban a lo largo de las paredes, y el olor de la comida era embriagador. Todo el mundo parecía estar pasándoselo en grande, y Set empezó a insinuar que había organizado un juego con un gran premio al final.

Una vez terminado el festín, Set anunció que el juego iba a comenzar. Llevó a todos al lugar donde se encontraba el cofre bellamente adornado, donde todos se quedaron asombrados. Set les presentó el juego: ver si alguien podía averiguar para quién había sido diseñado este cofre. Luego les dio la pista de que para averiguarlo de verdad, todos tenían que meterse dentro y ver si les quedaba bien.

Todos los dioses y diosas querían ese hermoso cofre, así que se turnaron para intentar entrar en él. Nadie cabía en él. Osiris, curioso por ver si le cabía a él, fue el último en meterse. Sorprendido, proclamó con orgullo que el cofre le cabía a él y que, por tanto, era su orgulloso propietario.

En un arrebato, Set cerró de golpe la tapa sobre Osiris, atrapándolo en su interior. Set dijo al público que devolvería a Osiris a su hogar, para que pudiera apreciar plenamente el material de su interior. Sin embargo, no fue así.

En lugar de devolver al dios de la realeza a su hogar, Set arrojó a Osiris al Nilo, donde se ahogó. Cuando regresó a Heliópolis, Set anunció que Osiris había muerto y se proclamó soberano. Con el dios del caos como rey, el mundo cayó en la ruina y la oscuridad. Isis y el resto de los egipcios lloraron la pérdida de su r ey.

El desmembramiento

Cuando Set regresó del asesinato de Osiris, Isis sospechó de la muerte de su marido. Apresurada, buscó a su marido con la ayuda del pueblo. Mientras buscaban a su marido, caminaron a través de las aguas inundadas del Nilo. Finalmente, encontraron el infame cofre dentro de un árbol cerca de una ciudad llamada Biblos. Cuando ella y los que la ayudaron descubrieron el cofre, lo sacaron del árbol para encontrar el cuerpo de Osiris en su interior. En agradecimiento por su ayuda, Isis les concedió la capacidad de fabricar papiro, un invento para ayudar a la gente a escribir documentos importantes. Sin embargo, es posible que este detalle se añadiera más tarde para consolidar aún más el papiro, principal producto de exportación de los egipcios.

Ocultar el cuerpo a un Dios enfurecido

Isis llevó el cuerpo a Heliópolis para resucitarlo. Escondió el cuerpo en un lugar seguro y encargó a su hermana Neftis que lo custodiara. Mientras tanto, reunió los hechizos, pociones e ingredientes necesarios para garantizar una resurrección completa. Neftis aceptó de buen grado custodiar el cuerpo de Osiris; su sentimiento de culpa por la anterior aventura con él se había enconado y quería compensar a su hermana.

En ese momento, Set sospechó de Isis y temió que encontrara el cuerpo de su hermano e intentara resucitarlo. La buscó, pero descubrió que se había marchado. Conocedor de la capacidad mágica, la inteligencia y el ingenio de Isis, decidió acorralar a su esposa y preguntarle si había descubierto el cadáver.

Con gran desafío, Neftis mintió y le dijo que no, que Isis no había descubierto el cadáver. Sin embargo, Set sabía cuándo su esposa le estaba engañando. Siguió interrogándola hasta que finalmente le reveló la ubicación del cuerpo y lo que Isis había planeado para él.

El horror indecible

Tras obligar a su mujer a que le dijera dónde estaba el cadáver, Set se puso en acción. Hizo que sus secuaces sacaran el cuerpo de su escondite. Pasó poco tiempo y los esbirros regresaron con el cadáver. Espantó a sus hombres y recurrió a la única forma lógica de deshacerse del cuerpo para asegurarse de que no se produjera la resurrección. Tenía que desmembrarlo.

Colocó el cuerpo del difunto sobre una mesa frente a él, donde procedió a cortar a su hermano en pedazos. En algunas versiones de este mito, el número de trozos era de 14, mientras que otras afirmaban que eran 42. Para enfatizar aún más el horrendo crimen, este libro hará referencia a estas últimas.

Después de que el cuerpo fuera completamente desmembrado, Set corrió al Nilo y dispersó los restos. En su mente, si faltaba una sola pieza, la resurrección estaba condenada. Orgulloso de su hazaña y seguro de que Isis nunca encontraría todas las piezas, Set regresó a su hogar.

Resurrección

Mientras tanto, Isis regresó al lugar secreto tras reunir todo el equipo necesario para resucitar a Osiris. Cuando llegó al lugar, contempló lo que tenía delante. El cofre había sido forzado y el cuerpo de su marido había desaparecido. Sabía que Set estaba detrás de esta desaparición, y cayó de rodillas de dolor y rabia. Las lágrimas se deslizaron silenciosamente por sus mejillas mientras lloraba.

Neftis había llegado y encontrado a su hermana llorando en el suelo. Se sintió avergonzada y culpable por haber revelado el paradero del cadáver. Sabiendo lo que Set había hecho, informó a Isis. Empezó disculpándose por haber arruinado la oportunidad de su hermana de reunirse con su marido, y luego sugirió que buscaran juntas los restos.

Isis aceptó el acuerdo, ansiosa por encontrar cada una de las 42 partes. Cuando cada una de ellas pasó flotando por el Nilo, la enterraron bajo un montículo con un guardián para protegerla de Set y sus secuaces. Se creía que cada pieza enterrada bajo sus túmulos era una representación de las 42 provincias de Egipto; la tradición decía que las dos diosas habían fundado estas provincias.

Una vez reunidas la mayoría de las piezas, las dos diosas reconstruyeron el cuerpo de Osiris. Se recogieron más piezas hasta que se encontraron todas menos una: el pene, que supuestamente fue devorado por un pez en el río. Sin embargo, las diosas no se desanimaron. Isis fabricó un sustituto del pene y lo colocó sobre su cuerpo. Anubis, que había llegado a la edad adulta, ayudó a devolver la vida a su padre embalsamándolo, momificándolo aún más. Además de los conjuros, pociones y hierbas de su madre, Anubis e Isis lo revivieron, pero sólo durante unos instantes. En ese breve espacio de tiempo fue concebido Horacio el Joven.

Debido a su carácter incompleto, Osiris ya no podía gobernar la tierra. En su lugar, se le encomendó la tarea de ir al Inframundo y utilizar su nuevo poder sobre la muerte para juzgar y reinar sobre las almas de los difuntos.

El nacimiento de Horus el Joven

Isis se vio obligada a ocultar su embarazo a Set por miedo a que éste también mandara matarla a ella y a su hijo. Cuando llegó el momento de dar a luz, lanzó hechizos protectores sobre él, para que Set nunca descubriera al niño. Llamó al niño Horus, un niño destinado a devolver la paz y la armonía a la tierra de Egipto. El pueblo, así como las propias deidades, anhelaban el día en que Horus desafiara a su tío y reclamara el trono. Por desgracia, el momento en que Horus reclamara el trono fue una larga espera para el reino.

Conclusión

Este mito fue el primero de su género con sus numerosos escenarios chocantes y perturbadores. Desde el fratricidio hasta el desmembramiento, el adulterio e incluso la necrofilia, este mito abarcaba un buen número de tabúes y horrores inexplicables. Este mito no sólo servía para explicar mejor la relación y la dinámica de los dioses, sino también como cuento con moraleja. Advertía al público de los peligros de los celos intensos y del caos que podían provocar. En el próximo capítulo, la caída de Set a causa de Horus el Joven ilustrará mejor el producto de estos celos.

CAPÍTULO 5: LA BATALLA ENTRE SET Y HORUS

La última entrega de este mito constituye la personificación de la batalla entre el bien y el mal, el orden y el caos. La rivalidad entre Set y Horus se consideraba el conflicto más intenso y amargo de toda la mitología egipcia. Las deidades lucharon entre sí durante 80 años antes de que una reclamara el trono para sí. Mientras tanto, antes de que Horus llegara a la edad adulta, Set había enviado a sus esbirros a descubrir el paradero tanto de Isis como del nuevo niño.

La infancia de Horus

Durante los muchos años de espera para que Horus se realizara plenamente, el reino se sumió en un caos aún mayor. La oscuridad y la desesperación se apoderaron de la tierra, y el pueblo luchó por sobrevivir. Ningún lugar era seguro, y el pueblo tuvo que soportar el estilo de vida impuesto por Set, incluida la diosa embarazada y su hijo nonato. Set no tardó en enterarse del embarazo y reclutó a sus secuaces para encontrar a Isis.

Esconderse a plena vista

Cuando Isis se dio cuenta de que los secuaces de Set tenían la misión de localizarla y matarla a ella y al bebé, se escondió inmediatamente. Su hermana y el dios Thoth la ayudaron a lanzar hechizos de protección para impedir que Set la encontrara. Isis era famosa por sus dotes mágicas y su dominio de las pociones, y utilizó sus habilidades para ahuyentar posibles amenazas. Se escondió y dio a luz en una zona pantanosa del Nilo donde pocos se aventuraban, lo que le permitió criar a su hijo en paz. Llamó a su hijo Horus en honor a su hermano y como faro de esperanza para el pueblo de Egipto.

Cuando el niño maduró hasta la edad adulta, él y su madre seguían viéndose obligados a esconderse en las entrañas del pantano. Horus creció escuchando a su madre contar historias de su difunto padre. A medida que crecía, ella le explicaba las profundidades del engaño de su tío. Durante ese tiempo, Isis y Horus se vigilaron mutuamente, agradecidos por los conjuros que ayudaban a mantener su secreto. Los secuaces de Set los buscaban en vano y siempre volvían a Set con las manos vacías.

Set sabía que la pareja seguía ahí fuera, esperando a que Horus alcanzara la madurez. Sabía que esa era la receta para su desaparición definitiva, así que continuó buscándolos. Nunca se desanimó, y su ira inspiraba miedo en los corazones de sus secuaces, que seguían buscando pruebas de su supervivencia.

La infancia de Horus estuvo plagada de peligros. Aunque conocía los poderosos conjuros de su madre, siempre había miedo a ser descubierto. El peligro acechaba detrás de cada parte del pantano. Por desgracia, no se conocen historias de la infancia de Horus ni de cómo sorteó los numerosos peligros del pantano y de los secuaces de Set.

Horus y Set por fin se encuentran

Cuando Horus alcanzó la mayoría de edad, Isis liberó los hechizos de protección que rodeaban a la pareja. Se había convertido en un hombre apuesto, con habilidades de combate e intelectuales. Sin embargo, no buscaba el amor, sino la venganza. Se abrió camino hasta el trono, donde desafió a su tío a muchos duelos.

La historia del viaje de Horus al trono no se conoce con todo detalle, pero parece que Set estaba esperando a que se revelara tras muchos años oculto. Set se deshizo de los guardias adicionales que rodeaban su reino y esperó pacientemente la llegada de Horus al trono.

Set no tuvo que esperar mucho. Contempló a su futuro rival cuando entró en la sala del trono y exigió su primogenitura. Sin embargo, a Set le hizo gracia que un dios tan joven se atreviera a desafiarle, pero aceptó el reto.

La batalla por el dominio

Durante 80 años, los dos dioses se enzarzaron en mezquinas y enconadas rivalidades y contiendas sobre quién merecía más el trono. Al principio, la disputa iba a resolverse en un duelo. Set confiaba en sus habilidades para vencer a su contendiente debido a sus muchos años de existencia. Las capacidades de Horus palidecían en comparación debido a su falta de experiencia. Era un duelo que Set sabía que podía ganar.

Lo que Set no sabía era que Horus había pasado su tiempo en la clandestinidad entrenándose para este preciso momento. Además, Horus estaba furioso por el mal trato que recibían su padre, su madre y todo el pueblo de Egipto. Anhelaba que la justicia y la paz se restablecieran en el reino bajo su gobierno.

Los dos se enzarzaron en un duelo, pero la fuerza de ambos era pareja. Cada uno intentó derrotar al otro, pero fue inútil por ambas partes. Se enzarzaron en numerosos duelos, intentando superar al otro, pero cada duelo acabó en empate.

Como no podían superarse mutuamente, se dirigieron a una trifecta de dioses para que les sometieran a un juicio que resolviera la disputa de una vez por todas.

Los juicios por el trono

Después de que Set y Horus convocaran un tribunal de las deidades más poderosas del reino, los tres dioses salieron y escucharon a ambas partes. Cada uno afirmaba que el trono era suyo, y los tres dioses Ra, Shu y Thoth, los dioses del sol, el aire y la sabiduría respectivamente, escucharon con gran interés ambos casos. Permitieron que el dios del caos hablara primero. Set urdió una historia de engaño, afirmando que el trono le correspondía por derecho tras la muerte de Osiris. Sin embargo, Horus no se desanimó. Cuando le llegó el turno de hablar a los dioses, afirmó que el trono le correspondía por derecho tras el asesinato de su padre.

Set, sin embargo, no estaba convencido. Como Horus tenía cabeza de halcón, señaló a la trifecta que Horus no sería un buen líder para Egipto. Afirmó que, puesto que los cuervos se consideraban de mala suerte y Horus estaba estrechamente relacionado con ellos debido a su naturaleza aviaria, Horus provocaría la caída del modo de vida egipcio.

Mientras Thoth y Shu creían que Horus debía recibir el trono, Ra seguía sin estar convencido. Como era el dios más antiguo y su opinión no se había expresado primero, votó por Set. Alegó que Set era el más fuerte de los dos, y que su fuerza soportaría para siempre el peso de la responsabilidad. Además, Set tenía más experiencia como gobernante que Horus.

La votación, sin embargo, requería que los tres dioses tuvieran la misma opinión. Cuando los dioses no pudieron ponerse de acuerdo en la votación, introdujeron el concepto de una pequeña serie de pruebas para comenzar. Quien ganara el mayor número de pruebas sería declarado rey legítimo al trono.

La primera prueba: Hippopotami

Set pensó en una competición que sólo él podría ganar y se decidió por la primera prueba. La primera prueba era bastante sencilla: los dos dioses tendrían que transformarse en hipopótamos y hundirse en el fondo del Nilo. Ganaría el que aguantara más tiempo sin respirar. Ambos dioses se transformaron en hipopótamos y se hundieron en el fondo del Nilo.

Isis dudaba de las capacidades de su hijo. Sabía que Horus necesitaba ganar esta prueba para consolidar su posición como heredero legítimo al trono. Fabricó un arma para herir a Set, pero acabó hiriendo a Horus. Al darse cuenta de su error, apuntó a Set y lo hirió también. Ambos dioses emergieron de las profundidades simultáneamente, lo que anuló los resultados.

En su ira, Horus decapitó a su madre por interferir. La trifecta de dioses no aprobó esta elección y se negó a pasar por alto este comportamiento. El resultado consideró a Set vencedor de la prueba. Enfurecido, Horus se marchó furioso y esperó a la siguiente prueba. Tras la prueba, el bondadoso dios de la sabiduría Thoth revivió a Isis, concediéndole otra oportunidad de vivir.

El segundo juicio: Lucha por el dominio

Como advertencia, el siguiente ensayo es bastante gráfico y no todo el mundo se sentiría cómodo leyéndolo.

Durante la noche, Set intentó sodomizar a Horus para afirmar su dominio sobre el joven dios. Horus, sin embargo, no permitió esta humillación. Engañó a Set haciéndole creer que había tenido éxito en su intento, pero Horus en cambio había recogido el semen de Set en sus manos. Horus pidió consejo a su madre,

Isis, quien al ver el semen en las manos de su hijo se las cortó y las arrojó al Nilo. En su venganza, Horus puso su propio semen en unas lechugas. Antes del juicio, Horus regaló a Set esta lechuga, que era su comida favorita. Se comió la lechuga, sin saber lo que Horus le había hecho.

Set había dispuesto que el tribuno de los dioses observara la dominación sobre Horus alegando que sus testigos estaban dentro del cuerpo del joven dios. Sin embargo, no fue así. Cuando Set llamó a sus testigos, todo quedó en silencio. Entonces, Horus llamó a su propia semilla como testigos, y como estaban dentro del cuerpo de Set, se acordó que Horus había ganado el juicio.

La tercera prueba: Regatas

Tanto Set como Horus tenían sus grupos de seguidores y creyentes. Sin embargo, el trío de dioses no podía hacer una evaluación justa y decidieron hacer una última prueba: una carrera de barcos. La prueba era simple y requería que los barcos fueran tallados en piedra y puestos a competir. El primero en cruzar la línea de meta sería considerado el legítimo soberano de Egipto.

Los dioses competidores se pusieron rápidamente a trabajar en sus barcos. Set construyó un hermoso barco de piedra. Estaba orgulloso del barco que había tallado y creía que podría ganar la carrera. Horus construyó su barca de madera en lugar de piedra y la recubrió con una piedra más clara para darle la apariencia de piedra.

Comenzó la carrera y Horus iba en cabeza gracias a la flotabilidad de la barca. La barca de Set, sin embargo, se movía lentamente y acabó hundiéndose en el Nilo. Set fue burlado y ridiculizado por su fácil derrota. Horus terminó la carrera, pero no antes de que el dios del caos se transformara en hipopótamo y revelara el engaño que había en la barca de Horus. Los dioses concedieron que Horus fuera descalificado por hacer trampas, mientras que Set fue descalificado por conducta antideportiva. Como resultado, comenzó la prueba final.

El juicio final: Cartas a Osiris

Los dioses seguían sin poder llegar a una votación unánime, por lo que creían que el gobernante original debía tener voz y voto en el nuevo gobernante de Egipto. Se encargó a cada dios que escribiera una carta al dios del Inframundo, justificando sus pretensiones al trono.

Osiris leyó cada carta y dio su veredicto final. Falló a favor de su hijo porque creía que nadie tenía derecho a gobernar Egipto después de asesinar al rey anterior. Las demás deidades estuvieron de acuerdo con esta decisión y Set fue condenado al exilio en el desierto. A partir de entonces, se le conoció como el dios del desierto y las tormentas.

Otros relatos

Algunas versiones del mito tenían diferentes finales para numerosas batallas entre Horus y Set. Por ejemplo, algunas versiones afirmaban que Set no fue condenado al exilio, sino que fue asesinado por Horus. Aunque este fue un final satisfactorio para el reino de terror que Set había traído sobre los egipcios, no fue la única versión de esta historia.

Otras versiones del mito presentaban a Horus como un dios bondadoso e indulgente, y él y Set habían acordado dividir la tierra en dos partes, cada una de las cuales representaba su dominio. Horus obtuvo el reino del Alto Egipto, con las ciudades más valiosas de la tierra, mientras que a Set se le permitió gobernar el Bajo Egipto, conocido por su desierto.

Las secuelas

La eliminación de Set permitió al reino restaurar el equilibrio y el orden entre los egipcios. Esto dio lugar a la paz que siguió durante muchos años bajo el reinado de Horus. Mientras Horus reconstruía Egipto de los estragos que el reinado de Set había producido, fue capaz de reinstaurar a Isis como reina reinante y a su tía Neftis como su consejera. Su presencia en el reino marcó el comienzo de una nueva era de paz.

Conclusión

Este mito estuvo repleto de acción, traición, humillación y dioses indecisos que, al final, tomaron la decisión correcta. Las numerosas batallas entre Horus y Set cimentaron su lugar en la historia como una de las pruebas más enrevesadas para determinar un gobernante. Como Horus triunfó y fue considerado el heredero indiscutible al trono, el derecho divino a gobernar eclipsó cualquier duda anterior. Debido a que las siguientes generaciones de reyes y faraones creían descender de los propios dioses, los futuros reyes de Egipto celebraban a Horus y se consideraban Horus reencarnado. Aunque este mito se consideraba uno de los más grandes e importantes, también advertía de las repercusiones de cometer un pecado mortal. El asesinato y la violación, especialmente de un joven rey, se castigaban entonces con medios funestos.

El próximo capítulo será un mito un poco más ligero en humor y contexto. La siguiente historia trata sobre el amor y la importancia de la paciencia. Puede que la historia te resulte familiar, así que sigue leyendo para saber por qué.

CAPÍTULO 6: LA CHICA DE LAS ZAPATILLAS ROSAS

"La muchacha de las zapatillas rojas" era un cuento sobre amantes predestinados y romances. El mito giraba en torno a una joven griega llamada Rodopis, esclavizada en una ciudad egipcia. Perdió un objeto precioso y temió que nunca volviera, pero entonces, un visitante sorpresa apareció en su puerta y ambos acabaron casándose. Si esta historia le resulta demasiado familiar, la razón es que este mito fue la primera versión escrita del cuento de hadas común "Cenicienta".

Los antiguos egipcios creían que todos los aspectos de la vida eran importantes, y las historias de amor y romance resuenan en muchas personas. Puede que los antiguos egipcios tuvieran tendencias morbosas en su forma de contar historias, pero una de sus historias románticas sigue destacando en la cultura popular actual.

La vida esclavizada de Rhodopis

Según el mito, la protagonista de esta historia, una bella griega llamada Rodopis, era una mujer joven, tímida y tranquila. Durante la mayor parte de su juventud, fue esclavizada y mantenida por hombres ricos. A menudo le encargaban que cocinara, limpiara y se ocupara de la casa, como hacían los demás esclavos de la isla en la que vivía. Su historia fue bastante trágica al principio, pero con el tiempo consiguió ganarse el corazón de todo un imperio.

Secuestrada por piratas y vendida como esclava

Rhodopis nunca conoció a sus padres. Fue secuestrada por piratas cuando era muy pequeña. Los piratas la vendieron a un esclavista griego que se benefició de su secuestro y posterior esclavitud. Como era muy pequeña, los otros esclavos la cuidaban y la atendían. El hombre que la compró vivía en la isla de Samos, donde tenía muchos esclavos.

La joven era tranquila y tímida, pero también muy amable. Tenía mucha amistad con los demás esclavos, especialmente con Esopo. Esopo era considerado un hombre feo y viejo, pero amable, que siempre hilaba cuentos y fantasías sobre la vida salvaje y la magia. Sus historias la fascinaban. En esos momentos, sus penas desaparecían.

De niña, Rhodopis soñaba con una tierra donde pudiera liberarse de su esclavitud. Cuando se convirtió en una mujer joven y hermosa, su esclavizador decidió que podía sacar provecho de su belleza. Se vio obligada a dejar atrás su vida anterior y convertirse en propiedad de otro hombre en Egipto.

El barco de esclavos atracó poco después en la ciudad egipcia de Naucratis. Desorientada, fue arrojada a una jaula para ser exhibida en las calles de la ciudad. En las calles también había muchos griegos, como una forma de que el faraón abriera el comercio. El faraón de la época se llamaba Amasis, y consideraba que esta ciudad portuaria era uno de los puertos cruciales para el comercio, que también incluía el tráfico de esclavos. También tenía miedo y quería reforzar a sus aliados para ayudarles a defenderse del Imperio persa.

La ciudad estaba formada casi en su totalidad por cultura griega, pero aún vivían muchos egipcios. En el centro de Naucratis, el comercio de esclavos estaba en auge.

Mirando alrededor de la ciudad, parecía que todo estaba condenado para la joven Rhodopis. Mientras los demás esclavos eran subastados, ella temía un destino peor que la muerte. Sin embargo, entre la multitud, un anciano griego se fijó en su belleza. Cuando comenzó la puja, el anciano subió la oferta y la compró.

Charaxos

Cuando el anciano reclamó su premio, dijo llamarse Charaxos. Era un rico mercader que se había retirado a la ciudad después de toda una vida comerciando con Egipto. Charaxos quedó admirado de su belleza, al igual que todos los demás, y se llevó su premio a casa. En lugar de quedarse callada, ella le contó las crónicas de su vida hasta entonces. La historia conmovió profundamente a Charaxos, que incluso se compadeció de la pobre joven. Quiso ayudarla en todo lo que pudo y, con el paso del tiempo, asumió el papel de padre.

La nueva vida de lujo

Charaxos se sorprendió de inmediato al contemplar a aquella belleza de piel pálida, cabello oscuro y mejillas sonrosadas. Era como una hija recién descubierta para él, y le dio todo lo que deseaba. Aunque Charaxos nunca tuvo hijos, se sintió atraído por ella y quiso protegerla. Con el tiempo, los dos se hicieron más cercanos. Ambos eran felices. Le regaló una casa con un jardín en el patio situado en el centro de la casa, esclavos para atenderla y numerosos trajes y joyas.

Las zapatillas rojas

Uno de los regalos que más apreciaba era un precioso traje con un par de zapatos rosas y un cinturón adornado con joyas. Lo llevaba a menudo a las fiestas y reuniones sociales a las que asistía. Además, pasaba la mayor parte del tiempo fuera, en el jardín. En el jardín había una hermosa bañera de mármol en el centro, donde se bañaba y observaba la naturaleza.

Escena del crimen

Era un día cualquiera en la casa. En verano, Rodopis solía bañarse a mediodía para refrescarse. Se desnudó en el patio mientras las esclavas le preparaban el baño. Apoyaba las zapatillas y la faja en la mesa del fondo del patio. Una vez preparado el baño, las esclavas custodiaron sus posesiones más preciadas.

Se tumbó en la bañera, saboreando el frescor del agua contra su piel. Se colocó para observar la naturaleza como hacía habitualmente, cuando de repente un águila se abalanzó y agarró uno de los zapatos con sus garras. Las esclavas se dispersaron rápidamente, huyendo despavoridas y conmocionadas. Rodopis también se sobresaltó. Se levantó en su bañera mientras el águila se apoderaba de su presa, pero tan rápido como llegó, se marchó. A la joven Rodopis se le escapó un grito de horror. Vio cómo el águila se alejaba volando en dirección al Nilo hacia un destino desconocido. Angustiada, se retiró del baño y lloró en su habitación.

Llegada del destino

El águila voló a Menfis, donde el faraón Amasis estaba sentado en su gran patio, escuchando a sus electores. Escuchaba sus problemas con el corazón abierto y tomaba decisiones basándose en la mejor manera de proteger y mantener a su pueblo. La tarea podía ser desalentadora, pero él sólo quería salud, felicidad y armonía para los egipcios.

La misma águila se posó frente al rey, impidiéndole ver a uno de los campesinos que tenía delante. El águila dejó caer el zapato frente a él y le miró fijamente durante unos breves instantes antes de marcharse finalmente para surcar los cielos.

Amasis apretó el zapato que tenía delante. Creyendo que era una señal de Horus, el dios de los faraones, examinó detenidamente el contenido del zapato. Estaba bien confeccionado con materiales caros y con intrincados detalles, incluidas las pequeñas y delicadas joyas que recubrían el exterior; sabía que el dueño del zapato sería igual de exquisito.

Proclamó su voluntad de encontrar a la dueña del zapato, devolvérselo y traerla a Menfis como esposa. Enviando a sus mensajeros a todas las ciudades de Egipto, permaneció en Menfis hasta que su futura esposa fue descubierta.

Una nueva vida de lujo

Al cabo de varios meses, el faraón se impacientó ante la falta de noticias de sus mensajeros. Habían buscado por todas partes a un propietario con el mismo zapato, pero sin éxito. Algunas familias intentaron falsificar el zapato, pero todos los intentos resultaron ser falsos. Finalmente, corrió el rumor de que la verdadera dueña de la zapatilla era una joven griega que vivía con uno de los hombres más ricos de Naucratis. Uno de los mensajeros informó del rumor a Amasis. Confiando en sus consejeros, zarpó hacia la gran ciudad y juró no volver a Menfis hasta encontrar a la legítima propietaria de la zapatilla.

Los amantes por fin se unen

Amasis y algunos de sus mensajeros atracaron en el puerto de Naucratis. Una vez en la ciudad, preguntó a varios de los transeúntes por la calle dónde podía encontrar a la mujer del zapato rosa. Algunos de ellos eran nuevos en la ciudad, pero había una esclava que sabía dónde vivía la joven griega. Ella les dio indicaciones a Amasis y a sus hombres. La esclava había dicho que la joven había sido esclava como ella, pero que un hombre de alma bondadosa la había comprado y tratado como a una hija perdida hacía mucho tiempo. Amasis supo que esta mujer era la dueña correcta y, aliviado, se dirigió a casa de Rodopis.

Rodopis estaba en casa, en el jardín, cuando oyó que llamaban a su puerta. Sin esperar a nadie, abrió con cautela y se llevó una gran sorpresa al ver al Faraón en su puerta.

Amasis quedó impresionado por su belleza. Entonces le mostró la zapatilla que le habían robado varios meses antes. Ella gritó de alivio al ver que por fin le habían devuelto su preciada zapatilla. Cuando extendió el pie, Amasis deslizó la zapatilla en su delicado pie y descubrió que era realmente suya. Rodopis pidió entonces a sus esclavos que recuperaran el gemelo del zapato para que pudieran reunirse de nuevo.

Una propuesta de matrimonio insólita

Tras confirmar que Rodopis era la mujer que había buscado, decretó que debía regresar a Menfis con él para ser su reina. Era una oferta que ella no podía rechazar. No sólo la palabra del faraón era ley, sino que además se sentía muy atraída por él. Empaquetó rápidamente sus pertenencias con la ayuda de sus esclavos y se despidió de Charaxos, que la había cuidado muy bien. Charaxos dudó al verla partir, pero sabía que estaría bien atendida.

Cuando ambos regresaron a Menfis, Amasis se casó con Rodopis. Se decía que la pareja disfrutó entonces de una vida de armonía, salud y lujo, incluso hasta su muerte. Según la leyenda, murieron el mismo día para viajar juntos al más allá.

La otra versión

En otras versiones de este mito, se trataba más bien de una verdadera historia de "de la pobreza a la riqueza", más parecida a la historia real de Cenicienta. En esta versión, Rodopis seguía siendo esclava, pero no de un anciano amable y gentil. A menudo se veía obligada a esconder sus zapatillas de las otras esclavas, tentadas de robarlas. Para ella, las zapatillas eran la única parte de su vida anterior que recordaba. No recordaba qué les unía a ella y a su familia porque se los arrebataron muy joven.

Vivía y trabajaba en una gran casa en una de las orillas del río Nilo, muy poblada de esclavos. Los esclavos y los hombres que la visitaban se quedaban embobados mirando su belleza. Las otras esclavas se ponían celosas de la atención que recibía de los hombres y creían que ella también tenía un aire de arrogancia. La joven Rodopis era callada y tímida, y apenas reaccionaba a las insinuaciones de los hombres.

Las esclavas sabían que Rodopis guardaba un tesoro de valor incalculable: zapatos de color rojo rosado y delicadas joyas. Las celosas mujeres intentaron localizar el tesoro, pero Rodopis lo ocultaba demasiado bien.

El escondite secreto

Después de un largo día de trabajo, a menudo sacaba las zapatillas de su escondite y observaba cómo las joyas captaban la luz del sol y de la luna. Le fascinaban los numerosos colores que desprendían las joyas. Cuando estaba satisfecha y se le levantaba el ánimo, las volvía a poner en su escondite hasta la próxima vez que necesitara sentirse mejor.

Una noche, no pudo conciliar el sueño. La noche era tranquila y decidió contemplar las joyas de sus zapatos a la luz de la luna. Rodopis se dirigió a su escondite, donde admiró el brillo de la luz sobre las joyas. La luz la cautivó y sus problemas desaparecieron por unos instantes. Cuando se puso los zapatos en su sitio, un águila descendió del cielo nocturno y le robó uno de ellos. Cuando se dio cuenta de que el zapato se había perdido para siempre, volvió a su catre y lloró hasta quedarse dormida.

La (casi) misma resolución

La trama principal de la historia siguió siendo la misma en esta versión, pero hubo algunas diferencias. Uno de los consejeros de Amasis averiguó su paradero e hizo que se probara el zapato en cuatro días. Complacido con su aspecto, el consejero sabía que el rey estaría agradecido de que existiera una mujer así. El faraón quedó prendado de ella nada más verla por primera vez, y poco después se casaron.

Cuando el consejero llegó a la casa, contestó una de las otras esclavas. Preguntó por la esclava que había perdido un curioso zapato de color rojo con joyas. En su mente, esta mujer no tendría forma de poseer el gemelo del zapato; si se trataba de una reclamación falsa, sería castigada.

Creyendo que el faraón estaba en la casa para castigar a Rodopis por guardar una reliquia tan preciada, acompañó al consejero, que le exigió pruebas de que era la propietaria del zapato. Rodopis mostró entonces al consejero dónde había escondido el otro zapato. Sorprendido de que la esclava dijera la verdad, le ordenó que le siguiera a Menfis para convertirse en la reina de Egipto.

La familia a la que servía estaba disgustada porque se habían llevado a una de sus esclavas, pero el consejero les regaló un brazalete de oro puro como pago por ella. Luego fue escoltada de vuelta a Menfis, donde se casó con el faraón y tuvo una vida de felicidad con él.

Conclusión

No todos los mitos del panteón egipcio consistían en la muerte y la oscuridad. Aunque los antiguos egipcios estaban fascinados por la muerte, ésta no dominaba por completo sus vidas. También creían que el amor era una fuerza poderosa por sí misma. Según el mito, el amor era un don concedido y bendecido por los dioses. Sin embargo, este mito ha resistido el paso del tiempo. No sólo se ha contado esta misma historia a lo largo de muchas generaciones con muchas variaciones, sino que la creencia de un felices para siempre fue un soplo de aire fresco en los muchos mitos que giraban en torno a la violencia. Sin embargo, en el siguiente capítulo, la violencia vuelve a estar en el centro del mito.

CAPÍTULO 7: EL OJO DE HORUS

El Ojo de Horus es un símbolo muy conocido de curación, protección y visión. El mito contaba que la pérdida de su ojo fue culpa de Set en sus muchas batallas y pruebas. No es sorprendente que la pérdida de su ojo fuera causada por Set, dado su historial de 80 años de conflicto. El mito tiene varias variaciones, incluyendo los detalles gráficos de la historia o la falta de ellos. Existen varias narraciones contradictorias, y en este capítulo se analizarán dos de las versiones. Cada mito difiere de los demás en sus numerosos detalles, desde qué deidad reconstruyó el ojo hasta el lugar de su pérdida.

Batalla por el Reino

El capítulo 5 narraba la historia de Horus y Set y su lucha por el poder. Set, en algunos mitos, era retratado como un mentiroso y la personificación del mal y los celos. Aunque la personalidad de Set ya se ha establecido, allanó el camino para uno de los símbolos más reconocidos de todos los tiempos.

La pérdida del ojo durante la batalla

Set y Horus se enfrentaron a menudo por el dominio y el derecho a gobernar Egipto. En una versión del mito, la pérdida del ojo fue el resultado de un engaño de Set, que intentaba hacer valer su derecho al trono. Ambos se enzarzaron en un combate. Se decía que ambos estaban igualados, pero Set quería asegurarse de que ganaría el trono.

En un momento dado, Set estuvo a punto de vencer a Horus en un duelo armado. En un rápido movimiento, Set arrancó el ojo izquierdo de su oponente. Horus se dobló de dolor. Set se regodeó de su fácil victoria. Sin embargo, Horus no se dejó engañar. Cuando Set se distrajo, Horus golpeó a Set en la ingle, rompiéndole los testículos. Según el tribunal, los dioses estaban de nuevo en un punto muerto.

Thoth fue capaz de restaurar completamente el ojo, y los testículos de Set se recuperaron por completo sin ni siquiera una cicatriz. Según el mito, el ojo izquierdo estaba relacionado con la luna y sus ciclos menguantes y crecientes. Como el ojo fue completamente restaurado por Thot, se percibió entonces como la restauración del orden a partir del caos.

Recoger los pedazos

En otro mito, a Horus le quitó el ojo nada menos que Set mientras dormía. Tras una de las batallas en las que Horus fue derrotado, se situó en un lugar remoto y acabó durmiéndose. Al amparo de la oscuridad, Set se acercó sigilosamente al dormido Horus y le arrancó el ojo. Horus se despertó sobresaltado y gritó de dolor. No podía ver a Set, pero sabía que el dios del caos estaba detrás del ataque.

Victorioso, rompió el ojo en seis pedazos y los esparció por el Nilo, de forma parecida a como había tratado el cuerpo de Osiris tantos años antes. Los trozos flotaron por el Nilo y creyó que no sería derrotado en su próxima batalla.

Horus pidió ayuda a Hathor, la diosa del amor. Recorrieron el Nilo en busca de todas las piezas del ojo, pero sólo pudieron encontrar cinco de las seis. Horus y Hathor reclutaron entonces a Thoth para que ensamblara las piezas rotas. Thoth tomó las piezas en sus manos y añadió un elemento mágico para que Horus pudiera ver lo invisible y lo que estaba por venir.

Conclusión

El Ojo de Horus era un símbolo enorme dentro de la cultura del antiguo Egipto. Por su poder mágico y su significado simbólico de protección, el ojo izquierdo de Horus estaba arraigado en la cultura egipcia. Se colocaba en amuletos para proteger a su portador e incluso se pintaba en los barcos para protegerlos de los daños del mar. El Ojo de Horus, con sus muchos poderes místicos, incluido el de ver todo, había cimentado su impacto en la civilización egipcia y se sigue utilizando abundantemente hasta nuestros días. Otro ojo que a menudo se confunde con el Ojo de Horus será tratado en el próximo capítulo en un mito sobre la destrucción y el posible fin de la humanidad.

CAPÍTULO 8: EL OJO DE RA

El Ojo de Ra, que era el ojo derecho de Ra, no debe confundirse con el Ojo de Horus a pesar de que algunos textos intercambian los símbolos. El Ojo de Ra era otro símbolo de poder, protección y el sol, a diferencia del Ojo de Horus que representaba la luna. Sin embargo, sus múltiples poderes solían solaparse con los del Ojo de Horus, lo que llevaba a confundirlos. Siempre se simbolizó como un disco que representaba el sol y un par de cobras uraeus que rodeaban el disco. Un mito de Ra destacaba sobre los demás, resaltando su poder destructivo.

La casi destrucción de la humanidad

El Ojo de Ra era un símbolo no sólo del poder de los faraones, sino que también ilustraba el poder destructivo del sol. En algunas versiones del mito, el Ojo de Ra también representaba a las diosas que estaban relacionadas con Ra, como Hathor, Nut y otras. Sin embargo, Hathor fue la diosa que desempeñó un papel más importante en este mito. El ojo se utilizó como arma contra la humanidad después de que Ra se sintiera decepcionado por el pueblo que había creado, significando así el fin de su creación.

El trabajo de Set estaba terminado

Tras la muerte de Osiris, Set dio la bienvenida a una nueva era de hombres con rasgos negativos como la guerra, el hambre, el asesinato e incluso la codicia. El ascenso de Set había hecho inútiles todas las leyes anteriores, y el mundo se sumió en una tormenta de caos. Después de que Horus recuperara el trono, hubo mucho trabajo que rehacer, y los dioses y el pueblo empezaron a reconstruir el reino.

Sin embargo, el trabajo de Set ya estaba hecho. Mientras que los aspectos físicos de la tierra fueron reconstruidos, la humanidad en su conjunto quedó profundamente perturbada. Los egipcios, antes puros de corazón, tenían ahora una oscuridad interior que no podía deshacerse. En esencia, eran cáscaras de lo que solían ser, y en su interior se escondían los atributos relacionados con la corrupción y la brutalidad. No hubo retorno a la luz después de que las tinieblas se introdujeran en los corazones de los hombres.

La decepción del Dios Sol

Según el mito, el dios del sol Ra había regresado a la Tierra después de terminar con la creación del universo. Estaba entusiasmado al ver hasta qué punto se había expandido la civilización y qué tipo de avances habían hecho en su ausencia. Orgulloso de sus logros y de su creación, regresó a la Tierra. Sin embargo, cuando regresó, el reino no era el mismo que había dejado. En un instante, detectó la enconada corrupción de su creación.

El dios del sol estaba inmensamente decepcionado con su creación. No sólo estaban lejos de la evolución que él había predicho, sino que aún quedaban pruebas de la influencia corruptora de Set. Algunos edificios seguían en mal estado, se percibía un claro olor a sangre seca derramada y los ojos de la gente parecían atormentados y asustados, en lugar de felices y contentos.

En lugar de empatizar con su creación, Ra se enfadó. En aquel momento, no se había dado cuenta de la magnitud del poder de Set y, por lo tanto, se enfadó con el pueblo por haberse convertido en nada más que salvajes. Como resultado, ordenó el genocidio de su pueblo.

El ojo de Ra

Para castigar al pueblo, Ra invocó a Hathor. Utilizando el poder de su ojo, transformó a la amable y amorosa diosa en una precursora de la muerte llamada Sekhmet. Sekhmet era una diosa de la guerra con cabeza de leona y cuerpo de mujer. Ra le ordenó matar a cualquier humano que se interpusiera en su camino.

Sekhmet masacró a muchos egipcios sin remordimientos, disfrutando del cumplimiento de su deber. Cuanta más sangre derramaba, más ansiaba.

Al principio, Ra observó con placer cómo Sekhmet masacraba a los humanos a su paso. Sin embargo, su furia sanguinaria ya había durado demasiado. La diosa no mostraba signos de detenerse, y el brillo asesino de sus ojos aumentaba con cada muerte. Ra, abrumado por la culpa y la preocupación de haber acabado por completo con su creación, procedió a llamarla. Ella no hizo caso de su advertencia, y el dios del sol se vio obligado a someter a la diosa.

Sometiendo a Sekhmet

Someterla no sería tarea fácil. Ra elaboró entonces una idea consistente en cerveza y tinte rojo para adormecerla. Una vez reunidas la cerveza y las granadas, el plan se puso en marcha. Se reunieron más de 7.000 galones de cerveza y zumo de granada en total y él mezcló el zumo con la cerveza para darle el color carmesí que ella buscaba, que luego se esparció por toda la ciudad. Sekhmet bebió entonces la mezcla alcohólica.

Una vez saciada, Sekhmet caía en un profundo sueño debido al alto contenido de alcohol. Según la leyenda, durmió durante tres días seguidos y se despertó sintiéndose renovada. Tras levantarse, Ra le quitó el ojo a Sekhmet y ésta volvió a ser la diosa Hathor. Aunque la mayor parte de la humanidad había sido devorada, pudieron reconstruirse. Ra juró no volver a utilizar medidas tan drásticas contra su creación.

Conclusión

El mito de Ra y su ojo no es tan común como el famoso símbolo del Ojo de Horus. Sin embargo, el mito ilustra el poder destructivo de su ojo, que luego se utilizó como símbolo de protección. Este símbolo de protección y su poder destructivo han cimentado su lugar en la historia.

La antigua civilización egipcia fue en su momento una potencia mundial, y es fácil ver por qué. Con sus recursos y su poder sobre el pueblo, los egipcios representaron una época de la historia de la humanidad en la que los mitos y las leyendas constituían el núcleo del sistema de creencias de su pueblo. Esto se reflejaba en todo, desde los ritos funerarios hasta las numerosas dinastías que creían en el derecho divino a gobernar. Esta civilización, con sus numerosas deidades en el panteón y sus mitos y leyendas, es una de las más interesantes que aún inspiran asombro y maravilla. Aunque todavía son muchos los misterios que giran en torno al antiguo Egipto, su mitología proporciona fascinantes lecciones y aventuras.